AF175183

Impressum
Verlag: BABADADA GmbH, Nedderfeld 112 , 22529 Hamburg
Geschäftsführer / Verlagsleitung: Harald Hof
Druck: Books on Demand GmbH, In de Tarpen 42, 22848 Norderstedt

Imprint
Publisher: BABADADA GmbH, Nedderfeld 112 , 22529 Hamburg, Germany
Managing Director / Publishing direction: Harald Hof
Print: Books on Demand GmbH, In de Tarpen 42, 22848 Norderstedt, Germany

Schuel

школа

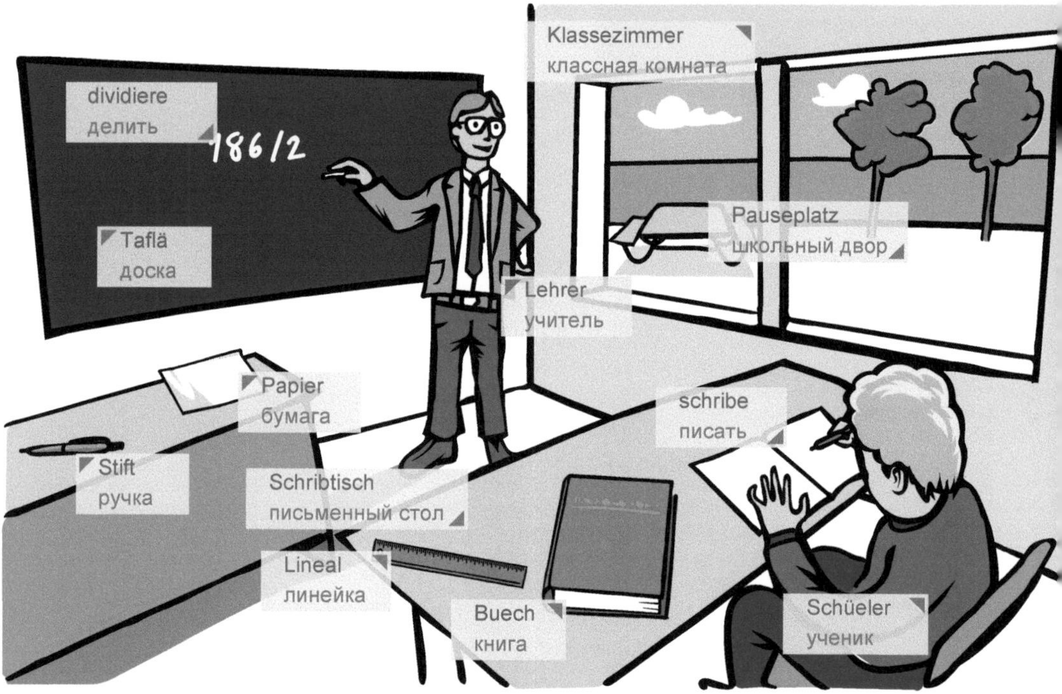

Klassezimmer
классная комната
dividiere
делить
186/2
Taflä
доска
Lehrer
учитель
Pauseplatz
школьный двор
Papier
бумага
schribe
писать
Stift
ручка
Schribtisch
письменный стол
Lineal
линейка
Buech
книга
Schüeler
ученик

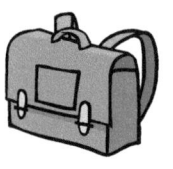

Thek
ранец

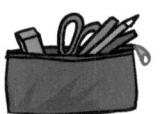

Etui
пенал

Bleistift
карандаш

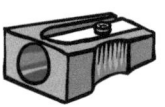

Spitzer
точилка

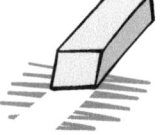

Radiergummi
ластик

Zeicheblock
альбом для рисования

Zeichnig

рисунок

Pinsel

кисточка

Malchaschte

коробка красок

Schär

ножницы

Liim

клей

Üebigsheft

тетрадь

Huusufgabe

домашняя работа

Zahl

цифра

addiere

прибавлять

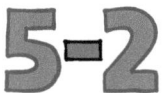

subtrahiere

вычитать

multipliziere

умножать

rächne

считать

Buechstabe

буква

Alphabet

алфавит

Wort

слово

Text

············

текст

läse

············

читать

Kriide

············

мел

Lektion

············

урок

Klassäbuech

············

классный журнал

Prüefig

············

экзамен

Zügnis

············

диплом

Schueluniform

············

школьная форма

Usbildig

············

образование

Enzyklopädie

············

энциклопедия

Universität

············

университет

Mikroskop

············

микроскоп

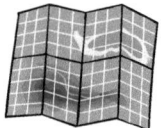

Charte

············

карта

Papierchorb

············

корзина для бумаг

Hotel
гостиница

Härbärg
турбаза

ROOMS

Wächselstube
пункт обмена валюты

ECHANGE

Koffer
чемодан

Auto
автомобиль

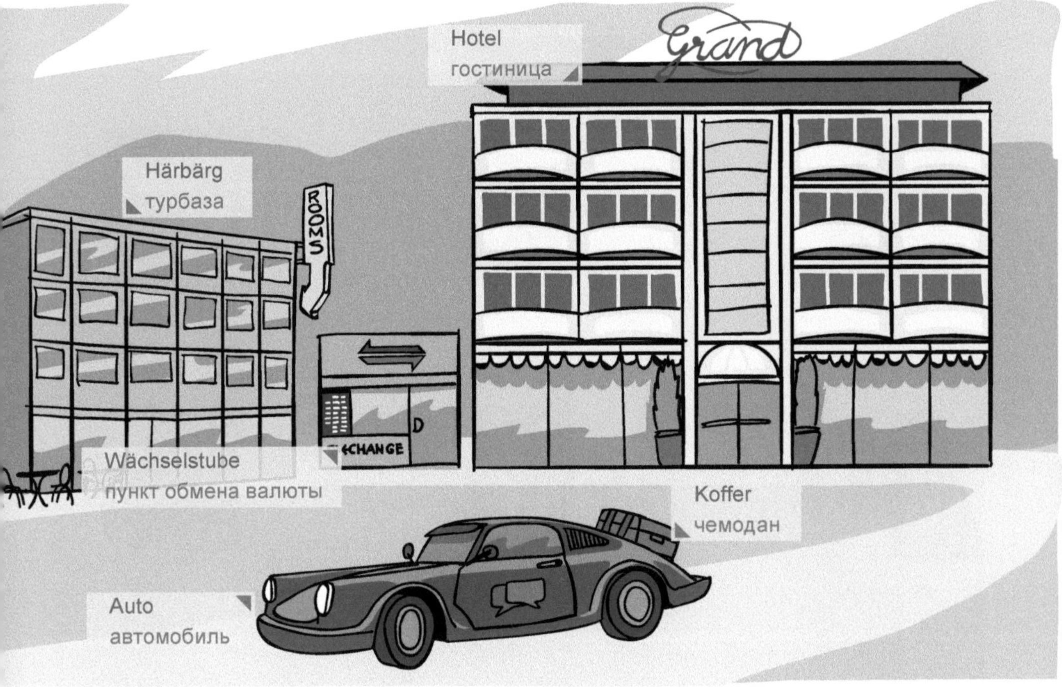

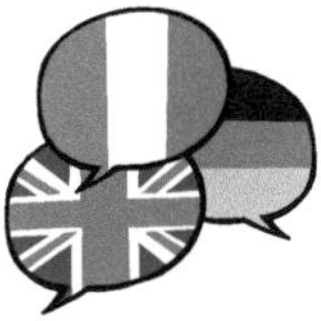

Sprach
язык

jo / nei
да / нет

okay
хорошо

Hallo
Привет

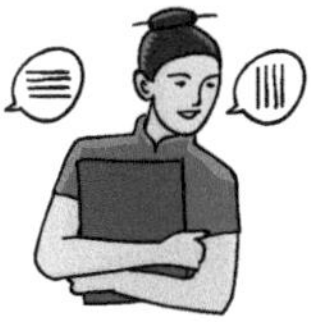

Dolmetscher
переводчик

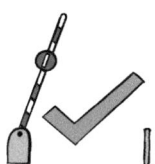

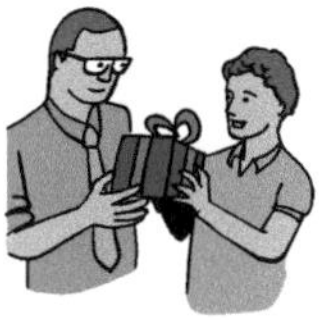

Dankä
Спасибо

Was chostet…?

Сколько стоит…?

Ich vrstahs nöd

Я не понимаю

Problem

проблема

Guete Abig!

Добрый вечер!

guete Morgä!

Доброе утро!

guete Abig!

Доброй ночи!

Uf Wiederseh

До свидания

Richtig

направление

Bagaasch

багаж

Täsche

сумка

Rucksack

рюкзак

Gast

гость

Ruum

комната

Schlafsack

спальный мешок

Zält

палатка

Touristeninformation

туристическая информация

Strand

пляж

Kreditkarte

кредитная карточка

Zmorge

завтрак

Zmittag

обед

Znacht

ужин

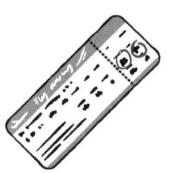

Billet

билет

Ufzug

лифт

Briefmarke

почтовая марка

Gränze

граница

Zoll

таможня

Botschaft

посольство

Visum

виза

Pass

паспорт

Transport

транспорт

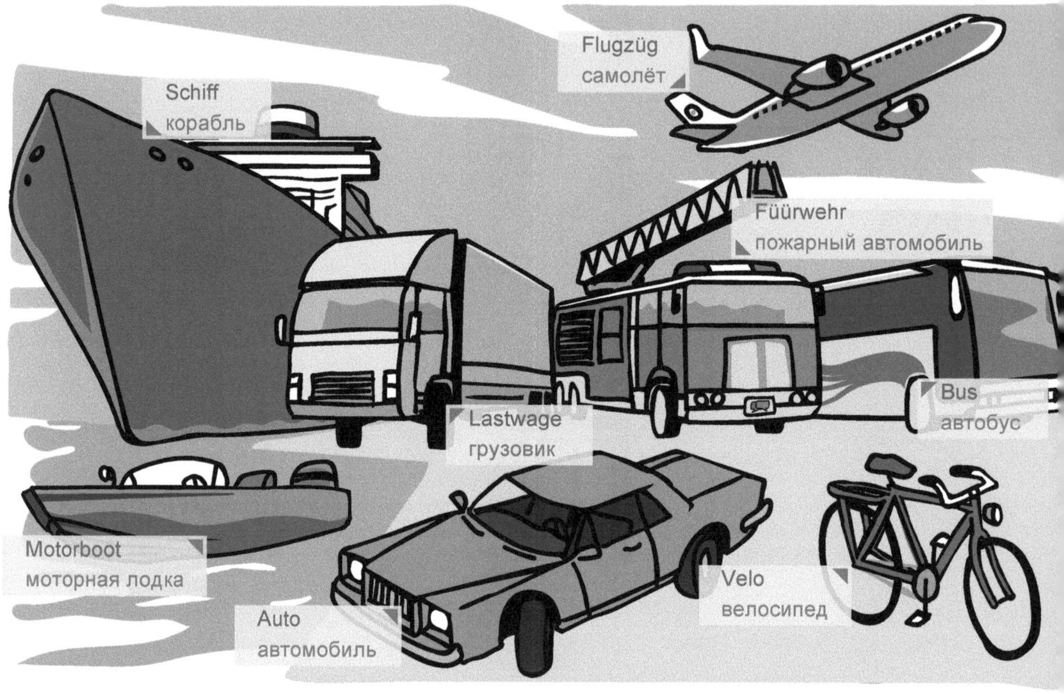
Flugzüg
самолёт
Schiff
корабль
Füürwehr
пожарный автомобиль
Bus
автобус
Lastwage
грузовик
Motorboot
моторная лодка
Velo
велосипед
Auto
автомобиль

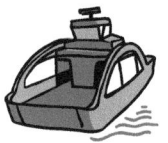

Fähri

паром

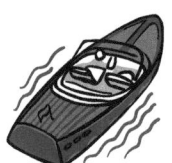

Boot

лодка

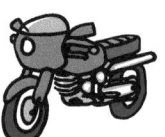

Töff

мотоцикл

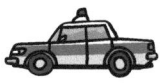

Polizeiauto

полицейский автомобиль

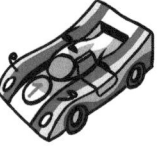

Rännauto

гоночный автомобиль

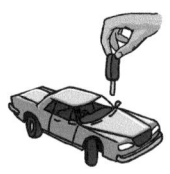

Mietwage

арендованный автомобиль

Carsharing

совместное пользование автомобилями

Abschleppwage

буксировочный автомобиль

Chübelwage

мусоровоз

Motor

двигатель

Benzin

топливо

Tankstell

заправка

Verkehrsschild

дорожный знак

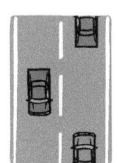

Verchehr

движение

Stau

пробка

Parkplatz

автостоянка

Bahnhof

вокзал

Schiene

рельсы

Zug

поезд

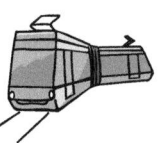

Strassebahn

трамвай

Wagon

вагон

Helikopter
вертолёт

Flughafe
аэропорт

Tower
вышка

Passagier
пассажир

Container
контейнер

Karton
коробка

Chare
тележка

Korb
корзина

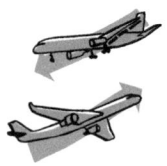

starte / lande
взлетать / приземляться

Stadt

город

Dorf
деревня

Stadtzentrum
центр города

Huus
дом

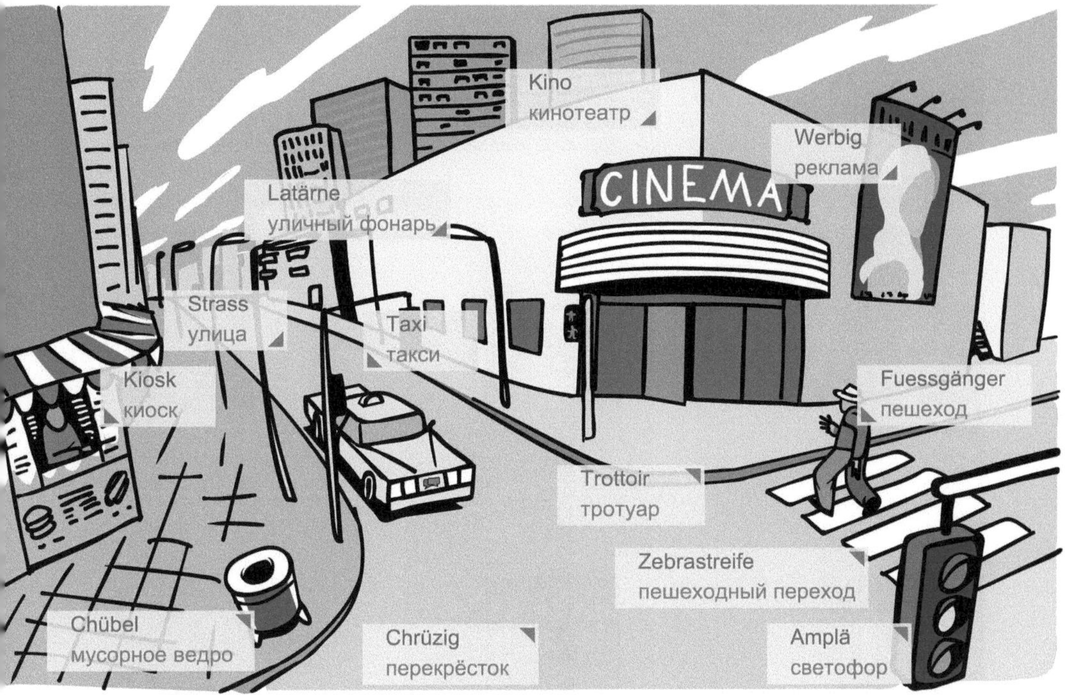

Kino
кинотеатр

Werbig
реклама

Latärne
уличный фонарь

CINEMA

Strass
улица

Taxi
такси

Kiosk
киоск

Fuessgänger
пешеход

Trottoir
тротуар

Zebrastreife
пешеходный переход

Chübel
мусорное ведро

Chrüzig
перекрёсток

Amplä
светофор

Hütte

хижина

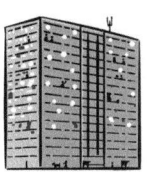

Wohnig

квартира

Bahnhof

вокзал

Gmeindshuus

ратуша

Museum

музей

Schuel

школа

Universität

университет

Bank

банк

Spital

больница

Hotel

гостиница

Apotheke

аптека

Büro

офис

Buechgschäft

книжный магазин

Gschäft

магазин

Bluemelade

цветочный магазин

Läbensmittellade

супермаркет

Märt

рынок

Chaufhuus

универмаг

Fischhändler

торговец рыбой

Iihkaufszentrum

торговый центр

Hafe

порт

Park

парк

Bank

скамейка

Brugg

мост

Stäge

лестница

U-Bahn

метро

Tunnell

тоннель

Bushaltestell

автобусная остановка

Bar

бар

Restaurant

ресторан

Briefchastä

почтовый ящик

Strasseschild

табличка с названием
улицы

Parkuhr

паркометр

Zolli

зоопарк

Badi

бассейн

Moschee

мечеть

Buurehof

ферма

Umwältvrschmutzig

загрязнение окружающей среды

Fridhof

кладбище

Chile

церковь

Spielplatz

детская площадка

Tämpel

храм

Landschaft
ландшафт

Blatt
лист

Wägwiiser
дорожный указатель

Wäg
дорога

Wise
луг

Stei
камень

Baum
дерево

Wanderer
путешественник

Fluss
река

Gras
трава

Bluamä
цветок

Tal

долина

Bärg

гора

See

озеро

Wald

лес

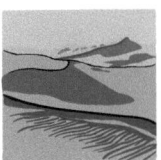

Wüeschti

пустыня

Vulkan

вулкан

Schloss

замок

Rägeboge

радуга

Pilz

гриб

Palme

пальма

Moskito

комар

Fliege

муха

Ameise

муравей

Biendli

пчела

Spinne

паук

Chäfer

жук

Frosch

лягушка

Eichhörnli

белка

Igel

еж

Haas

заяц

Üle

сова

Vogu

птица

Schwan

лебедь

Wildschwein

кабан

Hirsch

олень

Elch

лось

Damm

плотина

Windturbine

ветряной генератор

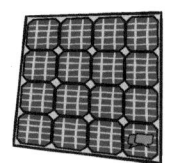

Sunnekollektor

солнечная батарея

Klima

климат

Restaurant
ресторан

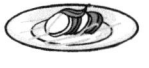

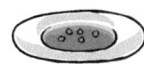

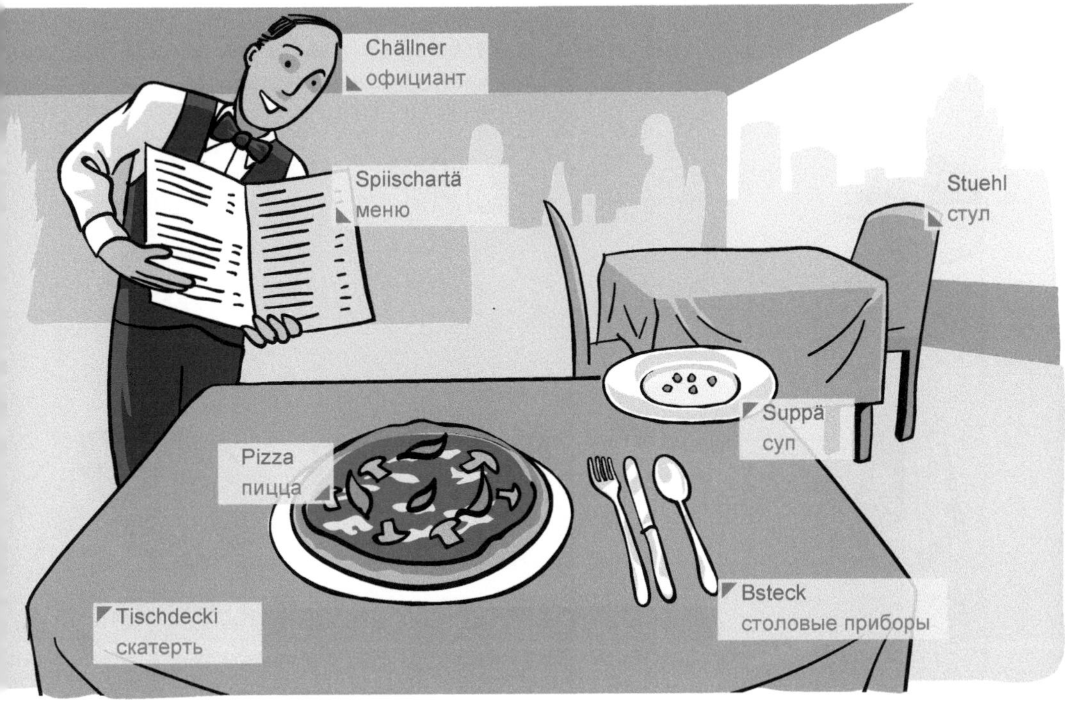
Chällner
официант
Spiischartä
меню
Stuehl
стул
Suppä
суп
Pizza
пицца
Bsteck
столовые приборы
Tischdecki
скатерть

Vorspiies

закуска

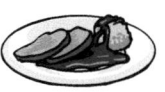

Hauptgricht

главное блюдо

Dessert

десерт

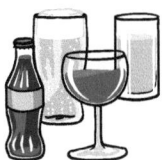

Getränk

напитки

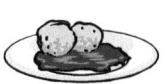

Läbensmittel

еда

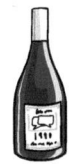

Fläsche

бутылка

Fast Food

фастфуд

Street Food

уличная еда

Teechanne

чайник

Zuckerdosä

сахарница

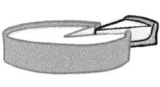

Portion

порция

Espressomaschine

кофеварка

Hochstuehl

детский стульчик

Rächnig

счет

Tablett

поднос

Mässer

нож

Gable

вилка

Löffel

ложка

Teelöffel

чайная ложка

Serviette

салфетка

Glas

стакан

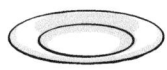

Täller

тарелка

Suppetällär

суповая тарелка

Untertasse

блюдце

Sose

соус

Salzstreuer

солонка

Pfäffermühli

мельница для перца

Essig

уксус

Öl

масло

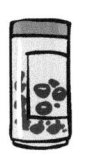

Gwürz

специи

Ketchup

кетчуп

Sänf

горчица

Mayonnaise

майонез

Läbensmittellade

супермаркет

Ahgebot
специальное предложение
FOR
Chund
покупатель
Milchprodukt
молочные продукты
Frücht
фрукты
lichaufswage
тележка для покупок

BUTCHERS

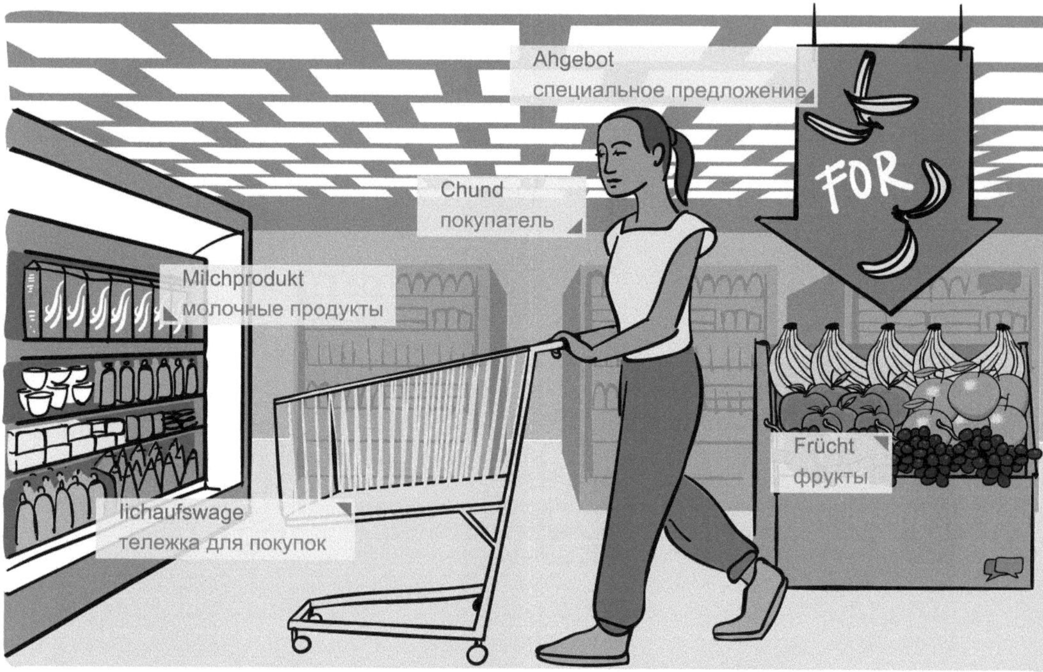

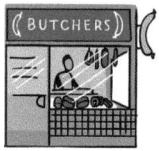

Schlachter

мясной магазин

BAKERY

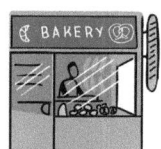

Beck

пекарня

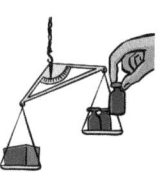

wiege

взвешивать

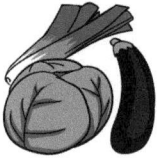

Gmües

овощи

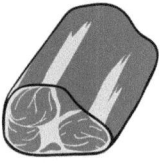

Fleisch

мясо

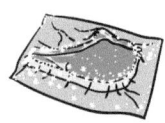

Tiefkühlprodukt

быстрозамороженные продукты

Ufschnitt

нарезка

die Konsärve

консервы

Wöschmittel

стиральный порошок

Süessigkeite

сладости

Huushaltartikel

предмет домашнего обихода

Putzmittel

моющее средство

Verchäuferin

продавщица

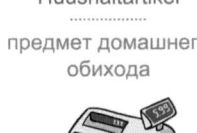

Kassä

касса

Kassierer

кассир

Ihchaufsliste

список покупок

Öffnigszite

время работы

das Portemonnaie

бумажник

Kreditkarte

кредитная карточка

Täsche

сумка

Plastiksack

полиэтиленовый пакет

Wasser

вода

Saft

сок

Milch

молоко

Cola

кока-кола

Wii

вино

Bier

пиво

Alkohol

алкоголь

Ovi

какао

Tee

чай

Kafi

кофе

Espresso

эспрессо

Cappuccino

капучино

Banane

банан

Öpfel

яблоко

Orange

апельсин

Melone

арбуз

Zitrone

лимон

Rüebli

морковь

Chnoobli

чеснок

Bambus

бамбук

Zwiblä

лук

Pilz

гриб

Nüss

орехи

Nudle

лапша

Spaghetti

спагетти

Riis

рис

Salat

салат

Pommfrit

картофель фри

Bratherdöpfel

жареный картофель

Pizza

пицца

Hamburgär

гамбургер

Sandwich

сэндвич

Gotlett

шницель

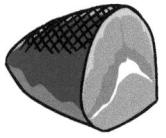

Schinkä

ветчина

Salami

салями

Würschtli

колбаса

Huehn

курица

Bratä

жаркое

Fisch

рыба

Haferflocke

овсяные хлопья

Müesli

мюсли

Cornflakes

кукурузные хлопья

Mähl

мука

Gipfeli

круассан

Brötli

булочка

Brot

хлеб

Toscht

тост

Guetzli

печенье

Butter

масло

Quark

творог

Chueche

пирог

Ei

яйцо

Spiegelei

яичница

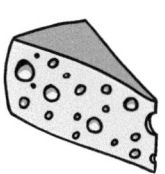

Chäs

сыр

Glace

мороженое

Zucker

сахар

Honig

мёд

Gonfi

мармелад

Nougat-Creme

крем с нугой

Curry

карри

Buurehof

ферма

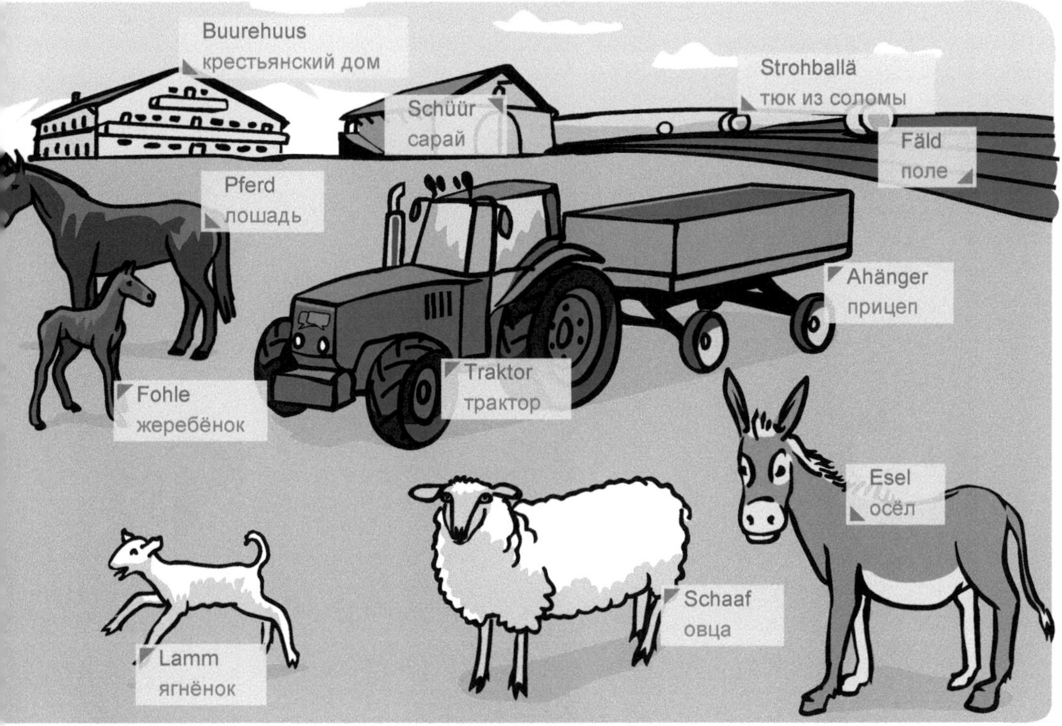

Buurehuus
крестьянский дом
Schüür
сарай
Strohballä
тюк из соломы
Fäld
поле
Pferd
лошадь
Ahänger
прицеп
Fohle
жеребёнок
Traktor
трактор
Esel
осёл
Schaaf
овца
Lamm
ягнёнок

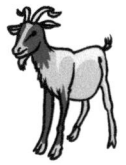

Geiss

коза

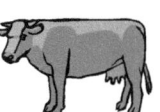

Chueh

корова

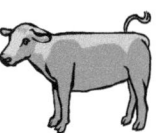

Chalb

телёнок

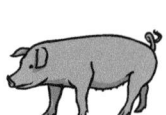

Sau

свинья

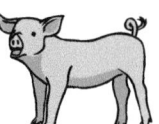

Ferkel

поросёнок

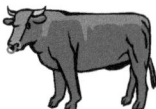

Rind

бык

Gans

гусь

Änte

утка

Küke

цыплёнок

Huähn

курица

Güggel

петух

Ratte

крыса

Chatz

кошка

Muus

мышь

Ochse

вол

Hund

собака

Hundehütte

конура

Garteschluuch

садовый шланг

Giesschanne

лейка

Sägese

коса

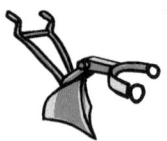

Pflueg

плуг

Sichel

серп

Hacke

мотыга

Heugable

навозные вилы

Axt

топор

Garette

тачка

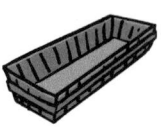

Trog

корыто

Milchchanne

бидон для молока

Sack

мешок

Haag

забор

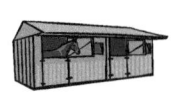

Gadä

хлев

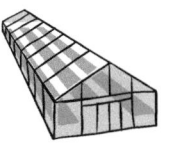

Gwächshuus

теплица

Bode

почва

Soome

посев

Dünger

удобрение

Mähdrescher

комбайн

ärnte

собирать урожай

Ärnte

урожай

Yamswurzle

ямс

Weize

пшеница

Soja

соя

Härdöpfel

картофель

Mais

кукуруза

Raps

рапс

Obstbaum

фруктовое дерево

Maniok

маниок

Getreide

злаки

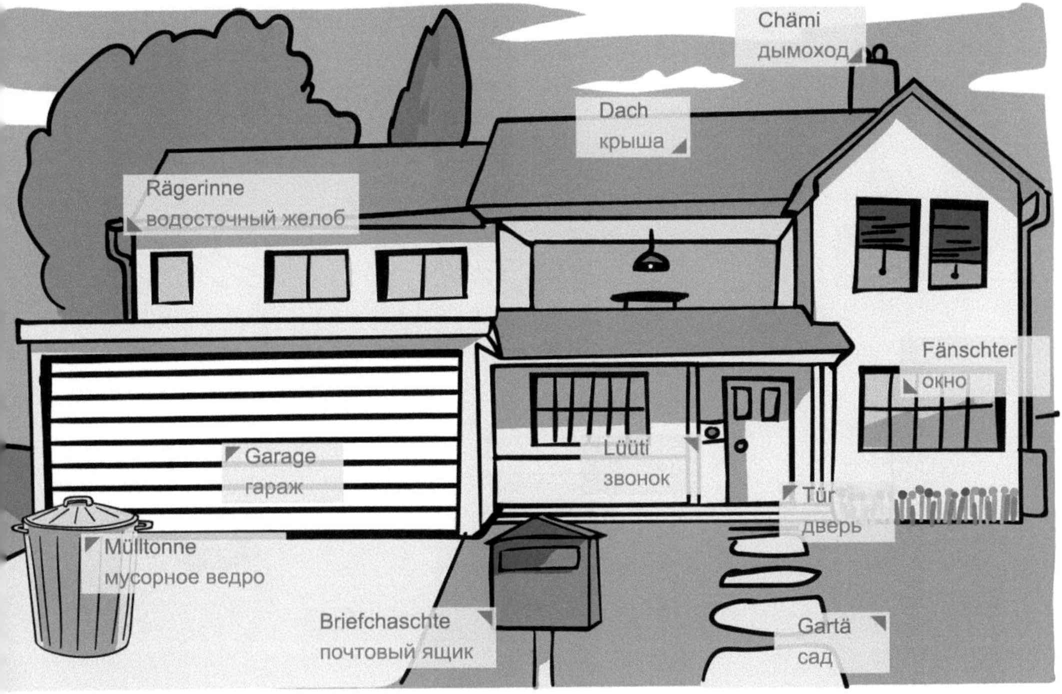

Chämi
дымоход

Dach
крыша

Rägerinne
водосточный желоб

Fänschter
окно

Garage
гараж

Lüüti
звонок

Tür
дверь

Mülltonne
мусорное ведро

Briefchaschte
почтовый ящик

Gartä
сад

Stubä

гостиная

Badzimmer

ванная комната

Chuchi

кухня

Schlofzimmer

спальня

Chinderzimmer

детская комната

Ässzimmer

столовая

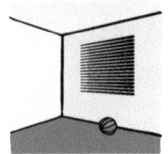

Bodä

пол

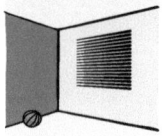

Wand

стена

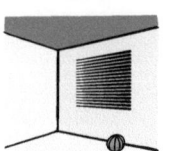

Decki

потолок

Chäller

подвал

Sauna

сауна

Balkon

балкон

Terasse

терраса

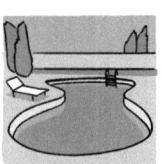

Pool

бассейн

Rasemäier

газонокосилка

Bettbezug

пододеяльник

Bettdecki

покрывало

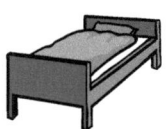

Bett

кровать

Bäse

метла

Chübel

ведро

Schalter

выключатель

Stubä

гостиная

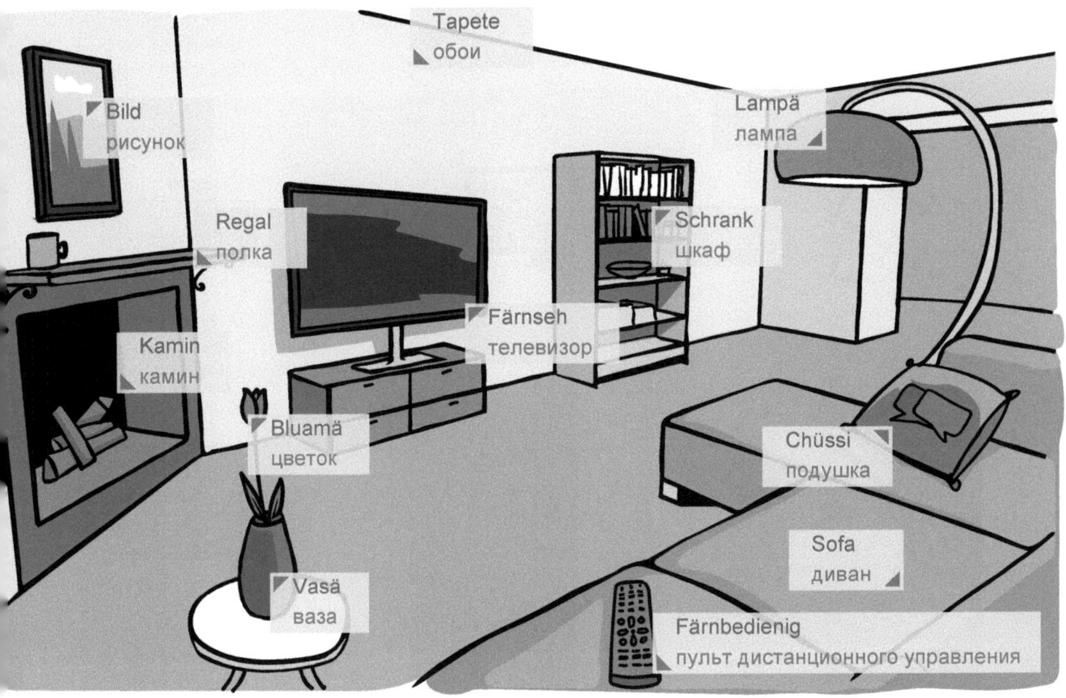

Tapete
обои
Bild
рисунок
Lampä
лампа
Regal
полка
Schrank
шкаф
Färnseh
телевизор
Kamin
камин
Bluamä
цветок
Chüssi
подушка
Sofa
диван
Vasä
ваза
Färnbedienig
пульт дистанционного управления

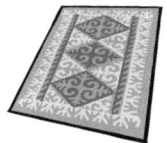

Teppich

ковёр

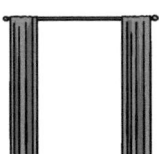

Vorhang

штора

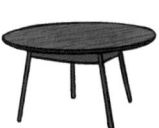

Tisch

стол

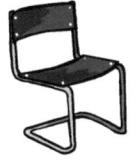

Stuehl

стул

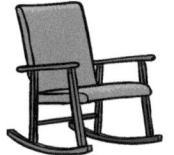

Schaukelstuehl

кресло-качалка

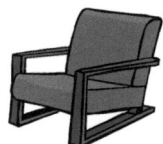

Sässel

кресло

Buech

книга

Decki

покрывало

Dekoration

украшение

Füürholz

дрова

Film

фильм

Stereoahlag

стереосистема

Schlüssel

ключ

Ziitig

газета

Bild

картина

Poster

плакат

Radio

радио

Notizblock

блокнот

Staubsuuger

пылесос

Kaktus

кактус

Chärze

свеча

Chuchi

кухня

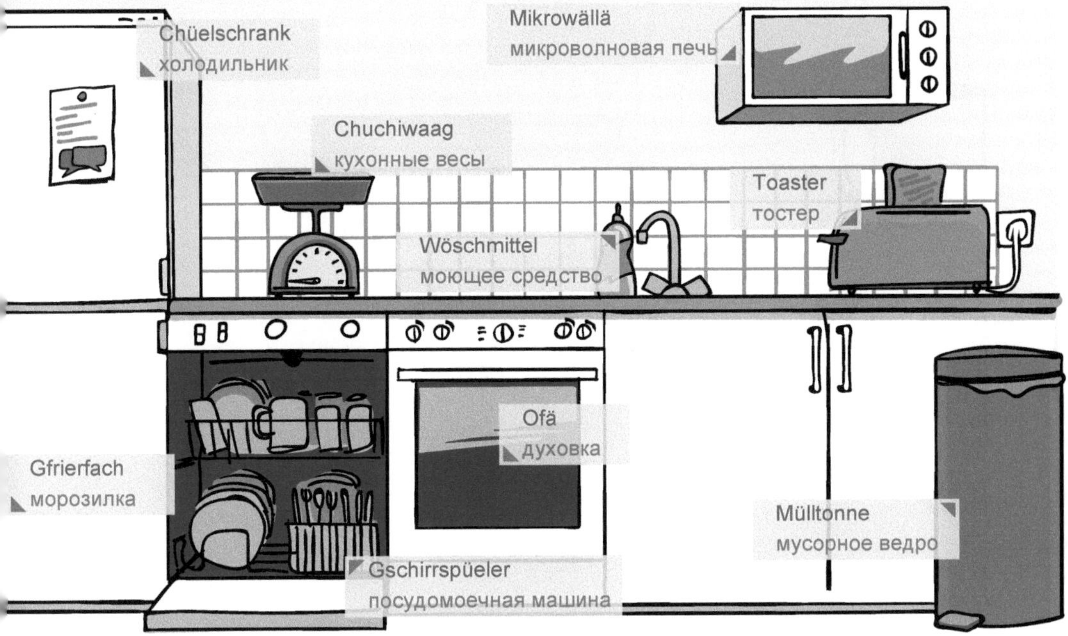

Mikrowällä
микроволновая печь
Chüelschrank
холодильник
Chuchiwaag
кухонные весы
Toaster
тостер
Wöschmittel
моющее средство
Ofä
духовка
Gfrierfach
морозилка
Mülltonne
мусорное ведро
Gschirrspüeler
посудомоечная машина

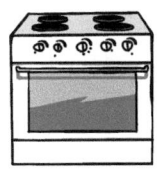

Härd

плита

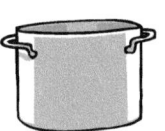

Topf

кастрюля

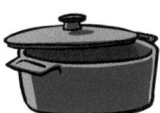

Iisetopf

чугунный котелок

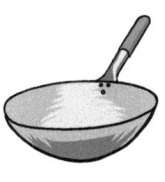

Wok / Kadai

вок / кадай

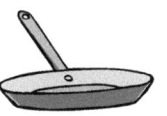

Pfanne

сковорода

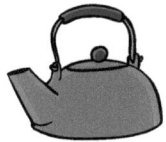

Wasserchocher

чайник

Dampfer

пароварка

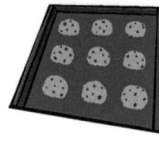

Bachbläch

противень

Gschirr

посуда

Bächer

кружка

Schale

миска

Stäbli

палочки для еды

Suppechellä

половник

Pfannewänder

лопатка

Schneebäse

сбивалка

Sieb

сито

Sieb

сито

Raffle

тёрка

Mörser

ступка

Grill

гриль

Füürstell

костёр

Schniidbrätt

доска

Nudelholz

скалка

Korkäzieher

штопор

Dosä

жестяная банка

Dosäöffner

консервный нож

Topflappä

прихватка

Wöschbecki

раковина

Bürste

щетка

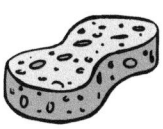

Schwumm

губка

Mixer

миксер

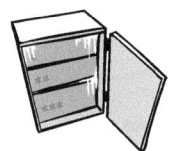

Gfrierschrank

морозильная камера

Babyfläschli

бутылочка для кормления

Hahnä

кран

Badzimmer

ванная комната

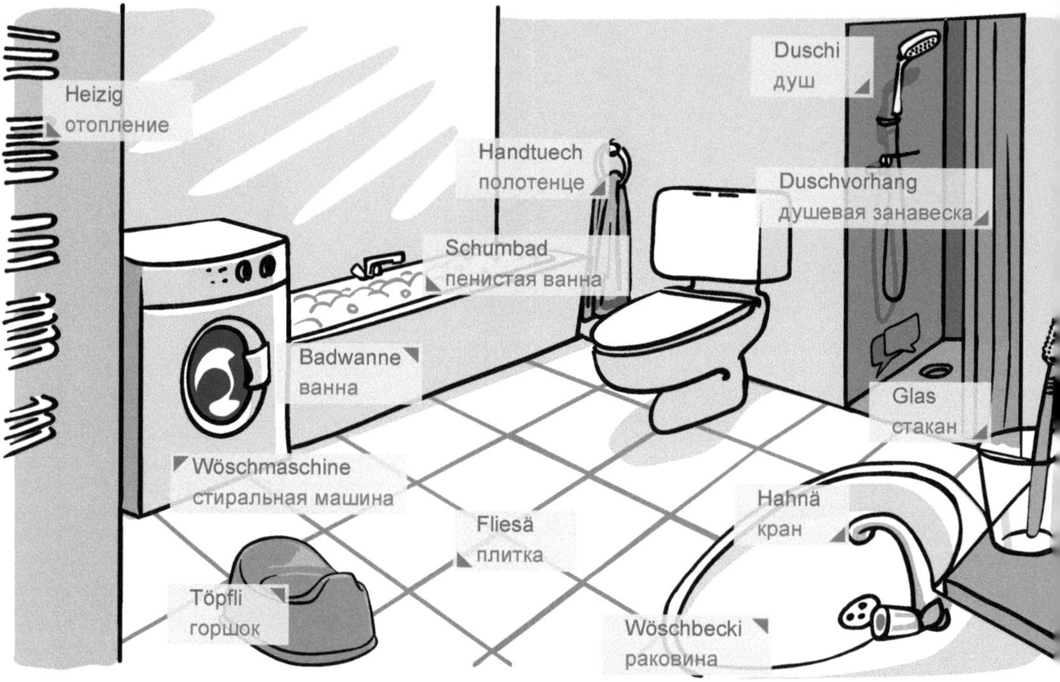

Heizig
отопление

Handtuech
полотенце

Duschi
душ

Duschvorhang
душевая занавеска

Schumbad
пенистая ванна

Badwanne
ванна

Glas
стакан

Wöschmaschine
стиральная машина

Fliesä
плитка

Hahnä
кран

Töpfli
горшок

Wöschbecki
раковина

Toilette

туалет

Plumpsklo

напольный унитаз

Bidet

биде

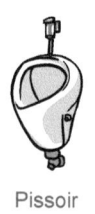

Pissoir

писсуар

Toilettepapier

туалетная бумага

Toilettebürschteli

ершик

Zahbürstä

зубная щетка

Zahpasta

зубная паста

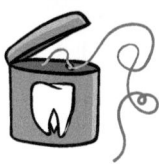

Zahnsiide

зубная нить

wäsche

мыть

Handduschi

ручной душ

Intiimduschi

интимный душ

Wöschbecki

таз

Ruggäbürste

щетка для спины

Seifä

мыло

Duschgel

гель для душа

Shampoo

шампунь

Waschlappä

мочалка

Abfluss

сток

Creme

крем

Deo

дезодорант

Spiegel

зеркало

Handspiegel

ручное зеркало

Rasierer

бритва

Rasierschuum

пена для бритья

Aftershave

лосьон после бритья

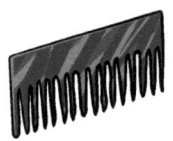

Schträäl

расческа

Bürstä

щетка

Föhn

фен

Hoorspray

лак для волос

Makeup

косметика

Lippestift

губная помада

Nagellack

лак для ногтей

Wattä

вата

Nagelscher

маникюрные ножницы

Parfum

духи

Necessaire

косметичка

Schemel

табуретка

Waag

весы

Badmantel

халат

Gummihändscheh

резиновые перчатки

Tampon

тампон

Damebinde

игиеническая прокладка

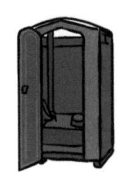

chemischi Toilette

биотуалет

Chinderzimmer

детская комната

Wecker
будильник
Kuscheltier
мягкая игрушка
Spielzügauto
игрушечный автомобиль
Rassle
погремушка
Puppehuus
кукольный домик
Gschänk
подарок

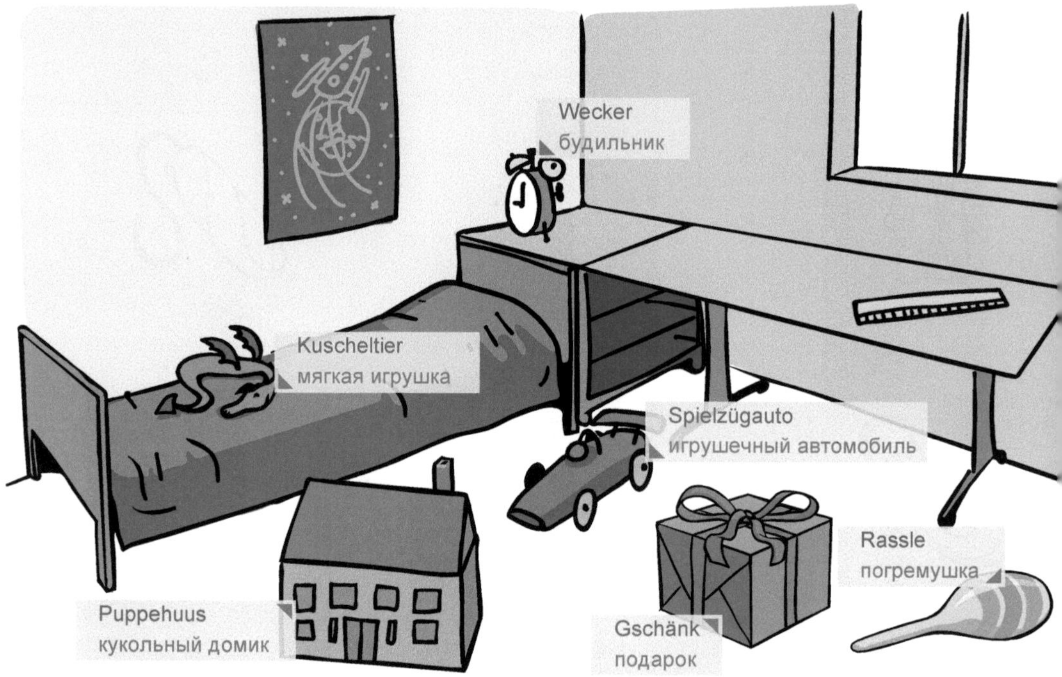

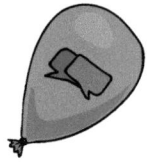

Ballon

воздушный шар

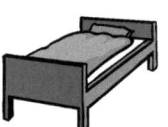

Bett

кровать

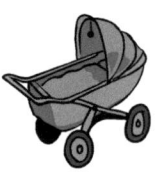

Chinderwage

детская коляска

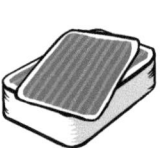

Chartespiel

карточная игра

Puzzle

пазл

SUPER MEGA

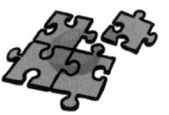

Comic

комикс

Legos

кирпичики Лего

Baustei

кубики

Action Figur

игрушечная фигурка

Strampli

ползунки

Frisbee

фрисби

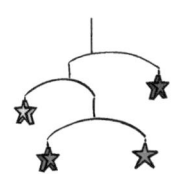

Mobile

мобиле

Brättspiel

настольная игра

Würfäl

кубик

Modellisebahn

модель железной дороги

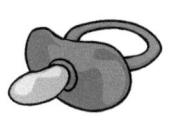

Nuggi

соска

Party

вечеринка

Bilderbuch

книга с картинками

Ball

мяч

Puppä

кукла

spiele

играть

Sandchaschte

песочница

Gigampfi

качели

Spielzüg

игрушка

Videospielkonsole

игровая приставка

Dreirad

трёхколесный велосипед

Teddy

плюшевый медвежонок

Chleiderschrank

шкаф для одежды

Chleidig

одежда

Sockä

носки

Strümpf

чулки

Strumpfhosä

колготки

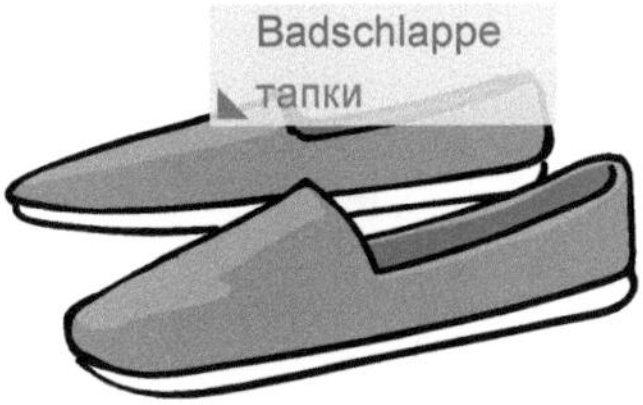

Schal
шарф

Rägeschirm
зонтик

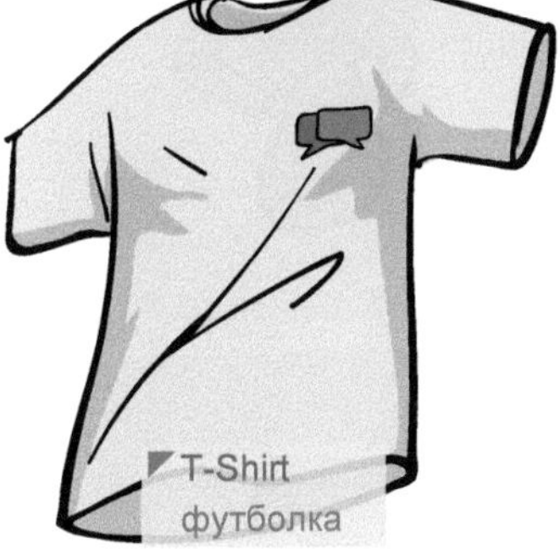

T-Shirt
футболка

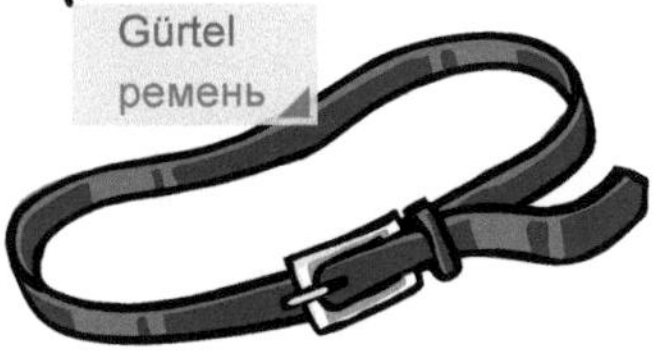

Gürtel
ремень

Stiefel
сапоги

Badschlappe
тапки

Turnschueh
кроссовки

Sandalä
....
сандалии

Schueh
....
ботинки

Gummistiefel
....
резиновые сапоги

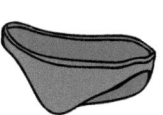

Untrhosä
....
трусы

BH
....
бюстгальтер

Underlibli
....
майка

Body

боди

Hosä

брюки

Jeans

джинсы

Rock

юбка

Bluse

блузка

Hömli

рубашка

Pulli

свитер

Kapuzepulli

свитер

Blazer

спортивная куртка

Jacke

жакет

Mantel

пальто

Rägämantel

плащ

Chostüm

костюм

Chleid

платье

Hochziitskleid

свадебное платье

Ahzug

мужской костюм

Nachthömli

ночная сорочка

Pyjama

пижама

Sari

сари

Chopftuäch

платок

Turban

тюрбан

Burka

паранджа

Kaftan

кафтан

Abaya

абайя

Badchleid

купальник

Badhose

плавки

churzi Hosä

шорты

Trainer

спортивный костюм

Schürze

фартук

Händsche

перчатки

Chnopf

пуговица

Brüllä

очки

Armband

браслет

Chetti

цепочка

Ring

кольцо

Ohrering

серьга

Chappe

шапка

Chleiderbügel

вешалка

Huet

шляпа

Grawattä

галстук

Riissverschluss

застежка молния

Helm

шлем

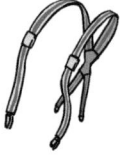

Hosäträger

подтяжки

Schueluniform

школьная форма

Uniform

форма

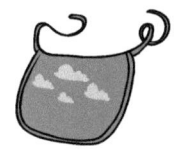

Lätzli

детский нагрудник

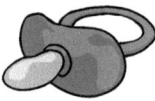

Nuggi

соска

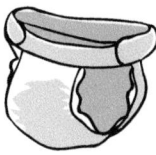

Windle

подгузник

Büro

офис

Server
сервер
Akteschrank
канцелярский шкаф
Papier
бумага
Drucker
принтер
Monitor
монитор
Muus
мышь
Schribtisch
письменный стол
Ordner
папка
Taschtatur
клавиатура
Papierchorb
корзина для бумаг
Computer
компьютер
Stuehl
стул

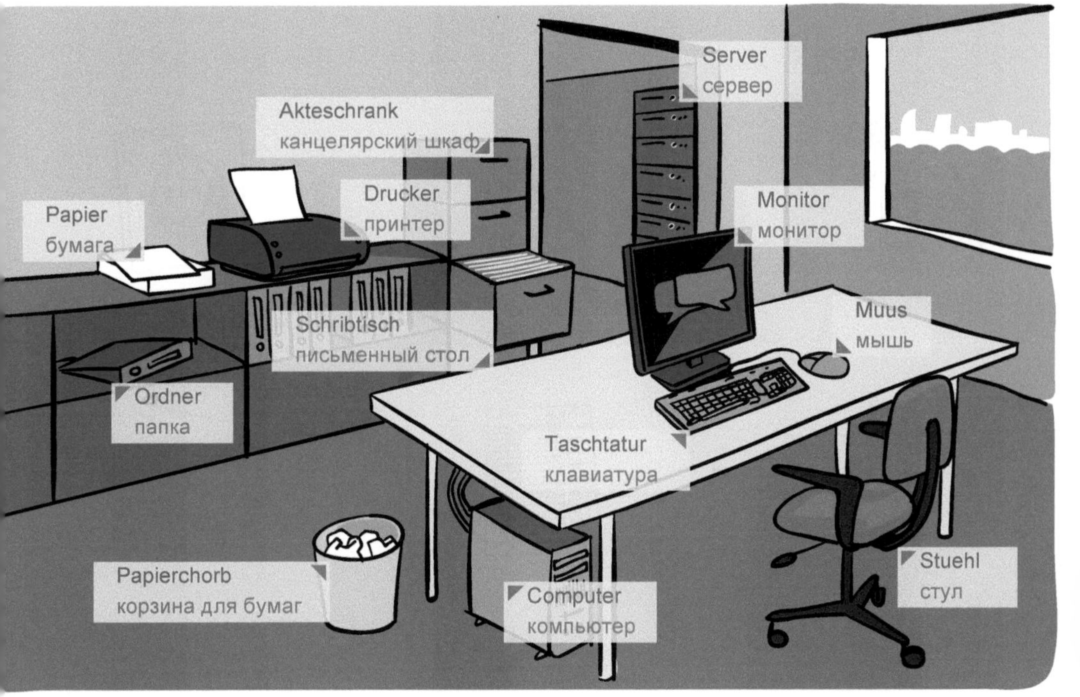

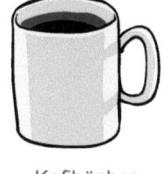

Kafibächer

кофейная кружка

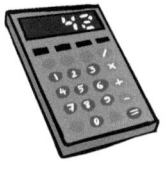

Taschеrächner

калькулятор

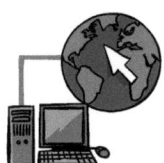

Internet

интернет

Laptop

ноутбук

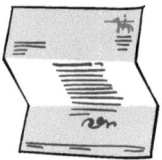

Brief

письмо

Nochricht

сообщение

Mobiltelefon

мобильный телефон

Netzwärk

сеть

Kopierer

ксерокс

Software

программа

Telefon

телефон

Steckdosä

розетка

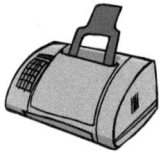

Fax

факс

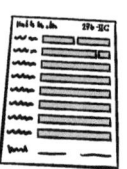

Formular

формуляр

Dokumänt

документ

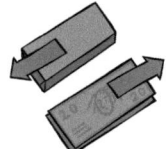

chaufe

покупать

zahle

платить

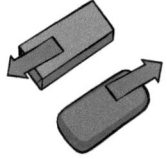

handle

торговать

Gäld

деньги

Dollar

доллар

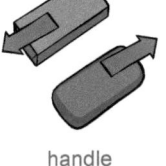

Euro

евро

Yen

иена

Rubel

рубль

Frankä

франк

CNY

Renminbi Yuan

жэньминьби юань

INR

Rupie

рупия

Gäldautomat

банкомат

Wächselstube

пункт обмена валюты

Gold

золото

Silber

серебро

Öl

нефть

Energie

энергия

Priis

цена

Vertrag

договор

Stüür

налог

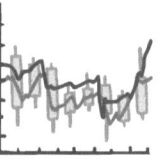

Aktie

акция

schaffe

работать

Mitarbeiter

служащий

Arbeitgeber

работодатель

Fabrik

фабрика

Gschäft

магазин

Brüef
профессии

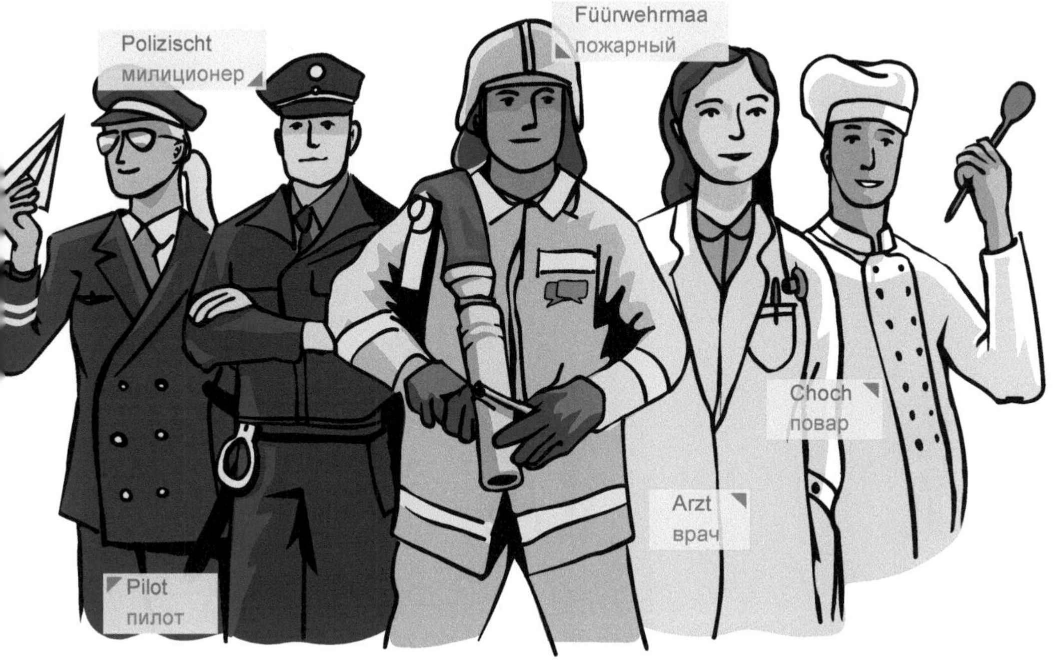
Polizischt
милиционер
Füürwehrmaa
пожарный
Choch
повар
Arzt
врач
Pilot
пилот

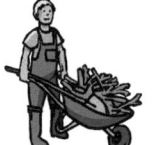

Gärtner

садовник

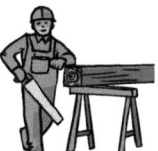

Zimmermah

столяр

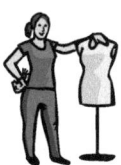

Näheri

швея

Richter

судья

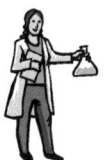

Chemiker

химик

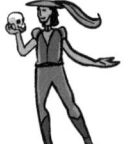

Darsteller

актёр

Busfahrer

водитель автобуса

Taxifahrer

таксист

Fischer

рыбак

Putzfrau

уборщица

Dachdecker

кровельщик

Chällner

официант

Jäger

охотник

Moler

художник

Bäcker

пекарь

Elektriker

электрик

Bauarbeiter

строитель

Ingenieur

инженер

Schlachter

мясник

Klämpner

сантехник

Pöschtler

почтальон

Soldat

солдат

Architekt

архитектор

Kassierer

кассир

Florischt

флорист

Frisör

парикмахер

Kontrolleur

кондуктор

Mechaniker

механик

Kapitän

капитан

Zahnarzt

зубной врач

Wüsseschaftler

ученый

Rabbi

раввин

Imam

имам

Mönch

монах

Pfarrer

священник

Werkzüüg

инструменты

Zangä
плоскогубцы
Hammer
молоток
Schruubedreier
отвёртка
Taschelampä
карманный фо
Schrubeschlüssel
гаечный ключ

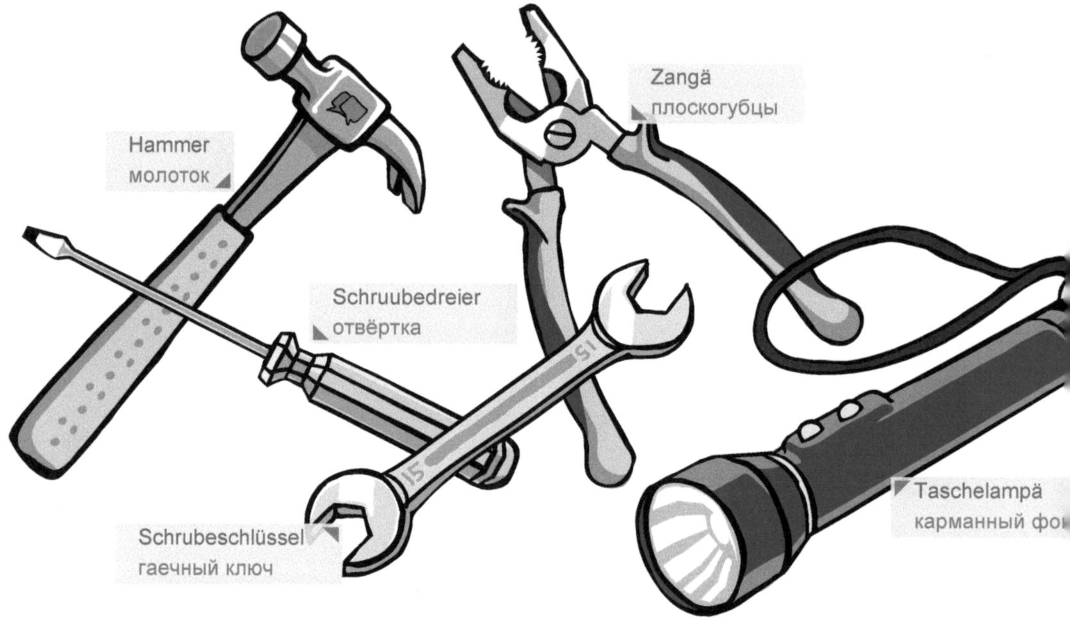

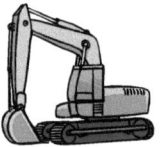

Bagger

экскаватор

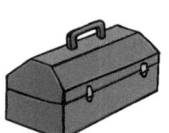

Werkzüügchaschte

ящик для инструментов

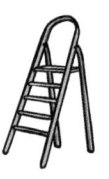

Leitere

стремянка

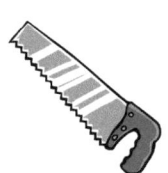

Sagi

пила

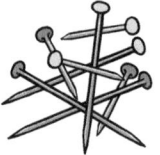

Negel

гвозди

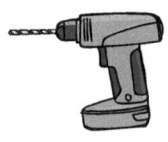

Bohrer

дрель

flicke

ремонтировать

Schufle

лопата

Mischt!

Блин!

Ascheschufle

совок

Farbchübel

ведро с краской

Schruube

винты

Musiginstrumänt

музыкальные инструменты

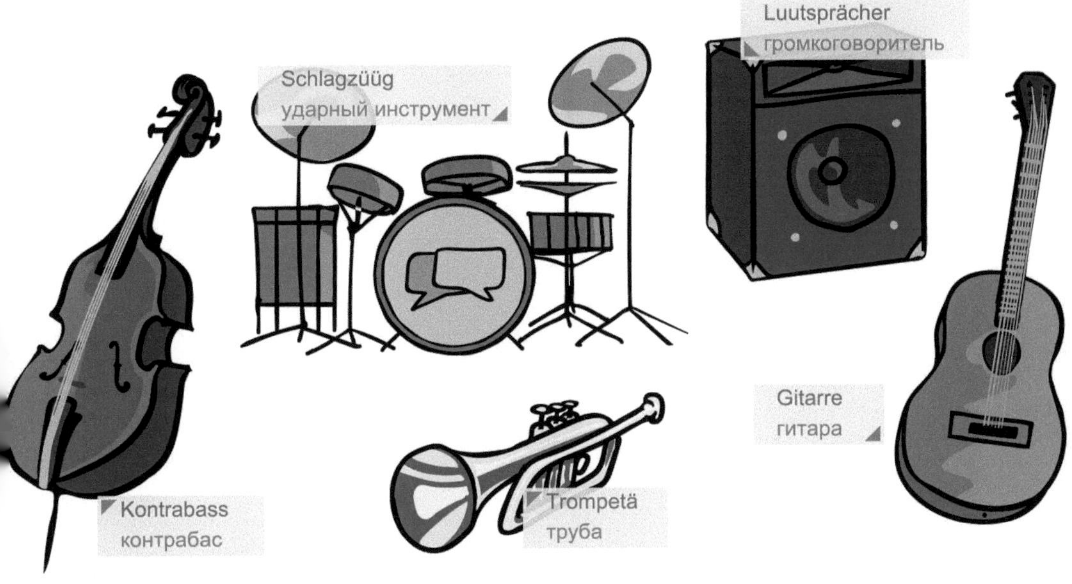

Schlagzüüg
ударный инструмент

Luutsprächer
громкоговоритель

Kontrabass
контрабас

Trompetä
труба

Gitarre
гитара

Klavier

пианино

Violine

скрипка

Bass

бас-гитара

Pauke

литавры

Trummle

барабан

Keyboard

синтезатор

Saxophon

саксофон

Flöte

флейта

Mikrofon

микрофон

Zolli
зоопарк

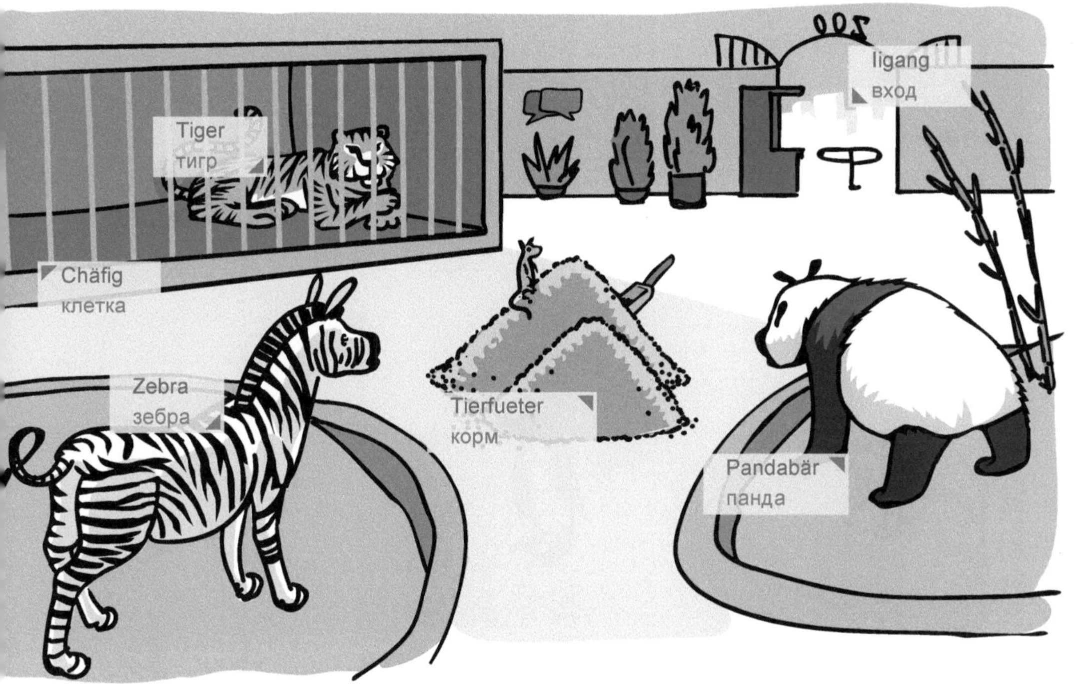

Iigang
вход
Tiger
тигр
Chäfig
клетка
Zebra
зебра
Tierfueter
корм
Pandabär
панда

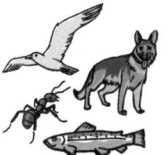

Tier

животные

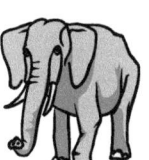

Elefant

слон

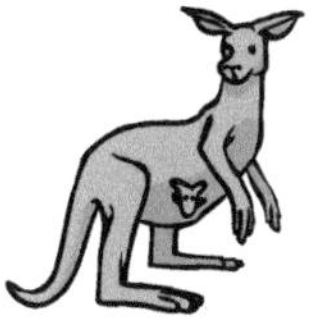

Känguru

кенгуру

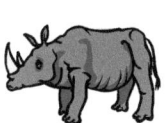

Nashorn

носорог

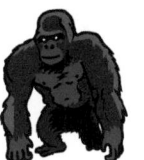

Gorilla

горилла

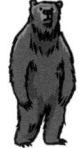

Bär

медведь

Kamel

верблюд

Struss

страус

Leu

лев

Aff

обезьяна

Flamingo

фламинго

Papagei

попугай

Iisbär

белый медведь

Pinguin

пингвин

Hai

акула

Pfau

павлин

Schlangä

змея

Krokodil

крокодил

Zoowärter

служитель зоопарка

Robbä

тюлень

Jaguar

ягуар

Pony

пони

Leopard

леопард

Nilpfärd

бегемот

Giraff

жираф

Adler

орёл

Wildschwein

кабан

Fisch

рыба

Schildkrot

черепаха

Walross

морж

Fuchs

лиса

Gazelle

газель

American Football
американский футбол

Velofahre
езда на велосипеде

Tennis
теннис

Basketball
баскетбол

Schwümmä
плавание

Boxä
бокс

Iishockey
хоккей

Fuessball
футбол

Badminton
бадминтон

Liechtathletik
лёгкая атлетика

Handball
гандбол

Skifahre
лыжный спорт

Polo
поло

Aktivitäte
действия

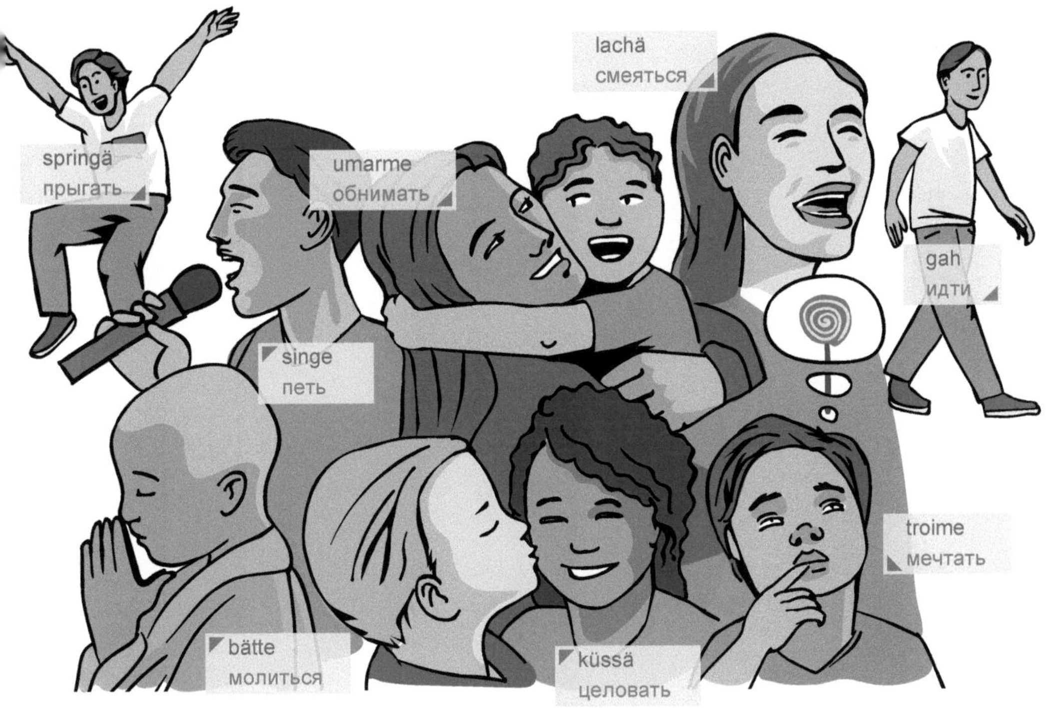
lachä
смеяться
springä
прыгать
umarme
обнимать
gah
идти
singe
петь
troime
мечтать
bätte
молиться
küssä
целовать

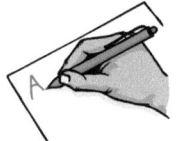

schribe

писать

zeichne

рисовать

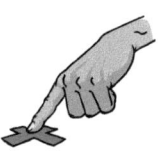

zeige

показывать

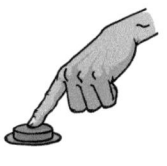

schiebe

нажимать

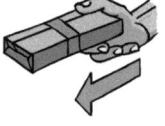

gäh

давать

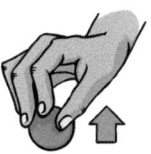

näh

брать

händ

иметь

mache

делать

sy

быть

stah

стоять

laufe

бежать

zieh

тянуть

rüerä

бросать

fallä

падать

ligge

лежать

warte

ждать

träge

носить

sitze

сидеть

ahzieh

надевать

schlafe

спать

ufwache

просыпаться

Aktivitäte - действия

ahluege

рассматривать

brüele

плакать

striichle

гладить

bürste

причесывать

redä

говорить

verschtah

понимать

froog

спрашивать

lose

слушать

trinke

пить

ässe

кушать

ufruume

наводить порядок

liebe

любить

chochä

готовить

fahre

ехать

flüge

летать

segle

ходить под парусом

rächne

считать

läse

читать

leerä

учиться

schaffe

работать

hürate

вступать в брак

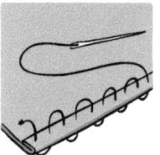

näije

шить

Zäh putze

чистить зубы

töte

убивать

schlootä

курить

sände

отправлять

Familiä

семья

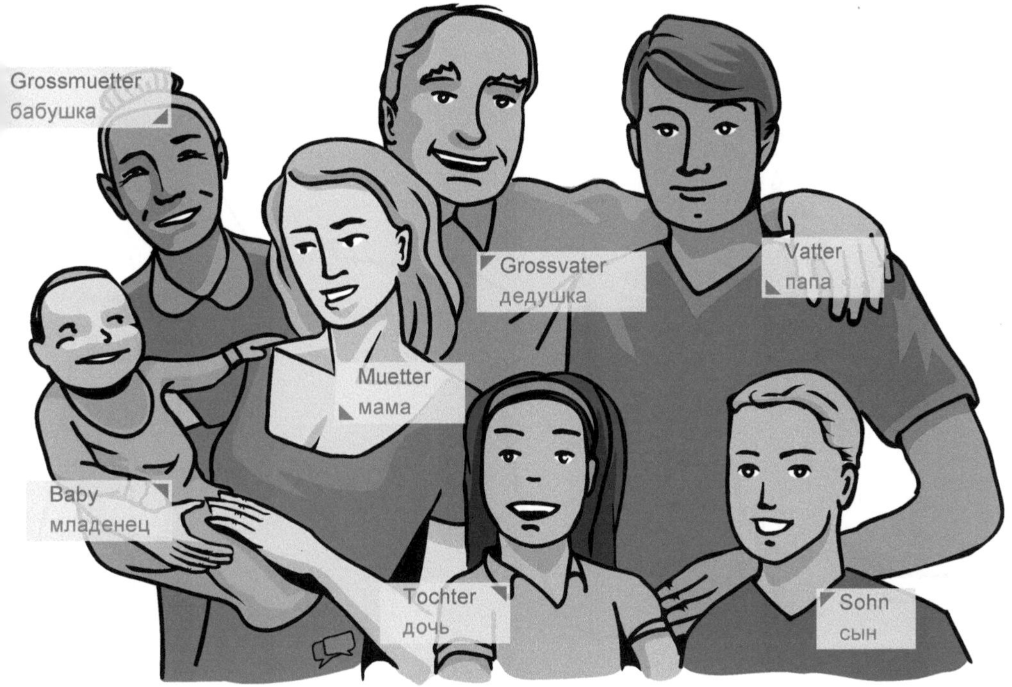

Grossmuetter
бабушка
Grossvater
дедушка
Vatter
папа
Muetter
мама
Baby
младенец
Tochter
дочь
Sohn
сын

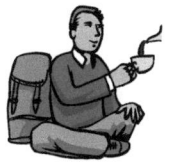

Gast

гость

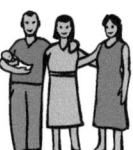

Tante

тетя

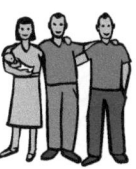

Unkel

дядя

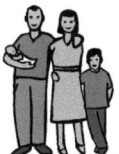

Brüeder

брат

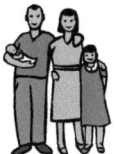

Schwöschter

сестра

Körpär

тело

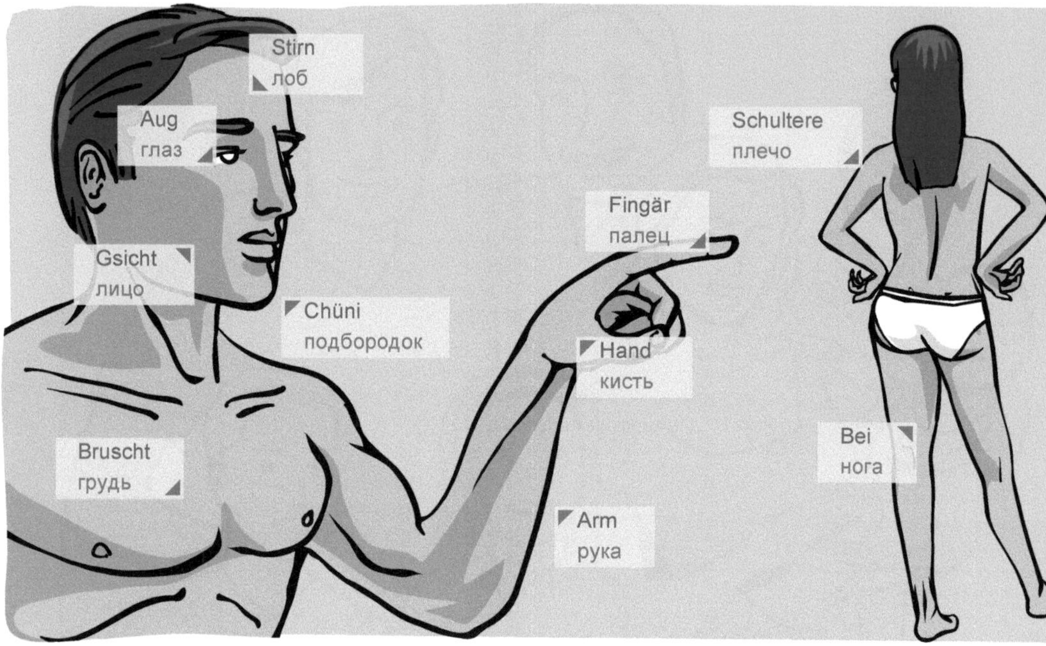

Stirn
лоб
Aug
глаз
Schultere
плечо
Fingär
палец
Gsicht
лицо
Chüni
подбородок
Hand
кисть
Bruscht
грудь
Bei
нога
Arm
рука

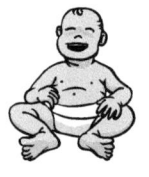

Baby

младенец

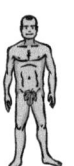

Mah

мужчина

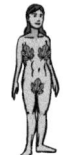

Frau

женщина

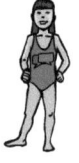

Meitli

девочка

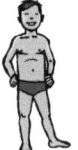

Bueb

мальчик

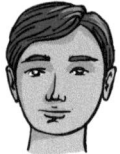

Chopf

голова

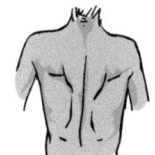

Ruggä

спина

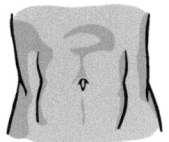

Buuch

живот

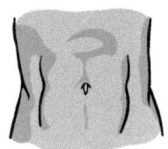

Buchnabel

пупок

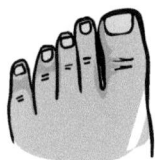

Zäche

палец ноги

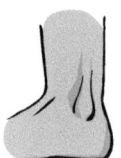

Fersä

пятка

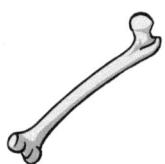

Knoche

кость

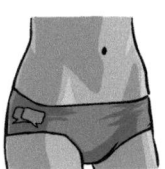

Hüfte

бедро

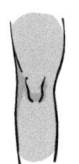

Chnü

колено

Ellbogä

локоть

Nase

нос

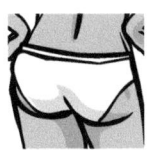

Füdli

ягодицы

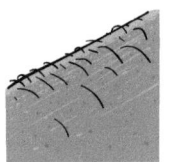

Hut

кожа

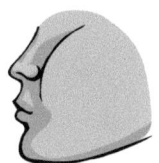

Bagge

щека

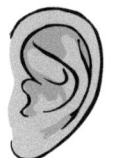

Ohr

ухо

Lippe

губа

Muul

рот

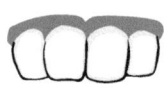

Zah

зуб

Zungä

язык

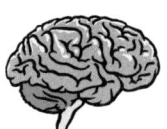

Hirni

мозг

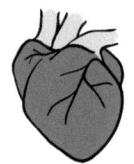

Härz

сердце

Muskel

мышца

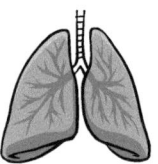

Lungä

лёгкое

Läberä

печень

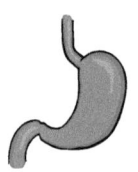

Magen

желудок

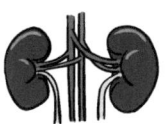

Nierä

почки

Gschlächtsvrkehr

половой акт

Kondom

презерватив

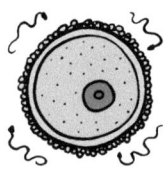

Eizälle

яйцеклетка

Soome

сперма

Schwangerschaft

беременность

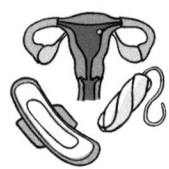

Menstruation

менструация

Vagina

вагина

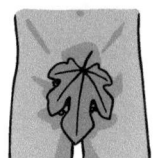

Penis

пенис

Augebrauä

бровь

Haar

волосы

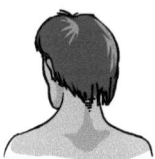

Hals

шея

Spital

больница

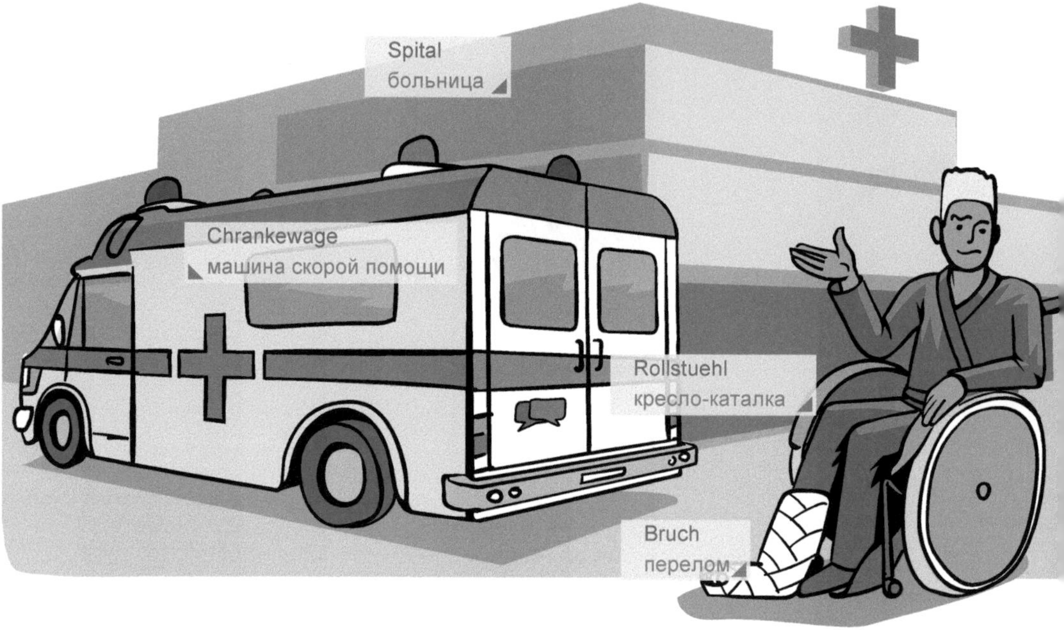

Spital
больница
Chrankewage
машина скорой помощи
Rollstuehl
кресло-каталка
Bruch
перелом

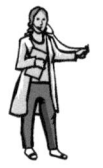

Arzt

врач

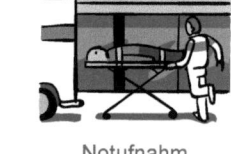

Notufnahm

пункт первой помощи

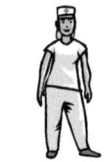

Chrankeschwöschter

медсестра

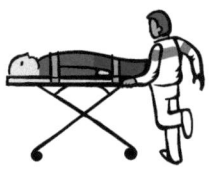

Notfall

неотложный случай

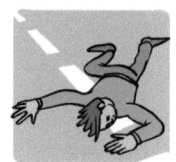

ohnmächtig

без сознания

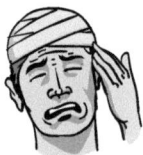

Schmärz

боль

Verletzig

повреждение

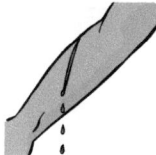

Bluätig

кровотечение

Härzinfarkt

инфаркт

Schlagahfall

инсульт

Allergie

аллергия

Hueschtä

кашель

Fieber

овышенная температура

Grippe

грипп

Durchfall

понос

Kopfschmärze

головная боль

Kräbs

рак

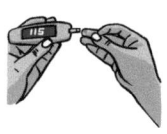

Diabetes

диабет

Chirurg

хирург

Skalpell

скальпель

Operation

операция

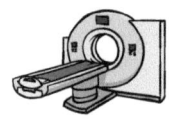

CT

КТ

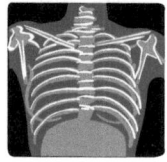

Röntgä

рентген

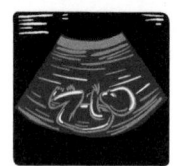

Ultraschall

ультразвук

Gsichtsmaske

маска

Krankhet

болезнь

Wartezimmer

приёмная

Krückä

костыль

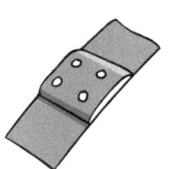

Pflaster

пластырь

Vrband

бинт

Injektion

укол

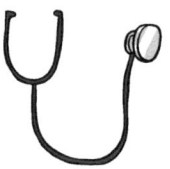

Stethoskop

стетоскоп

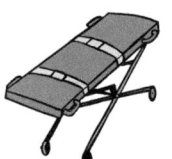

Trage

носилки

Thermometer

термометр

Geburt

рождение

Übergwicht

избыточный вес

Hörgrät

слуховой аппарат

Desinfektionsmittel

дезинфекционное
средство

Infektion

инфекция

Virus

вирус

HIV / AIDS

ВИЧ / СПИД

Medizin

лекарство

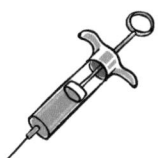

Impfig

прививка

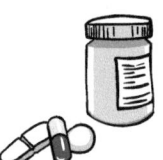

Tablette

таблетки

Pille

противозачаточная
таблетка

Notruef

экстренный вызов

Bluetdruck-Mässgrät

прибор для измерения
кровяного давления

chrank / gsund

больной / здоровый

Hiufe!

Помогите!

Alarm

сигнал тревоги

Überfall

нападение

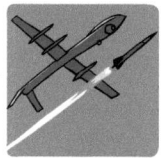

Ahgriff

атака

Gfohr

опасность

Notuusgang

запасной выход

Füür!

Пожар!

Füürlöscher

огнетушитель

Unfall

несчастный случай

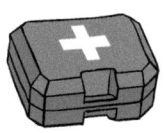

Ersti-Hilf-Koffer

аптечка

SOS

SOS

Polizei

милиция

Europa

Европа

Nordamerika

Северная Америка

Südamerika

Южная Америка

Afrika

Африка

Asie

Азия

Auschtralie

Австралия

Atlantik

Атлантический океан

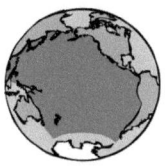

Pazifik

Тихий океан

Indische Ozean

Индийский океан

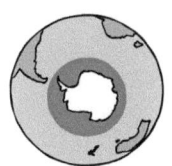

Antarktische Ozean

Антарктический океан

Arktische Ozean

Северный Ледовитый
океан

Nordpol

Северный полюс

Südpol

Южный полюс

Antarktis

Антарктика

Ärde

земля

Land

суша

Meer

море

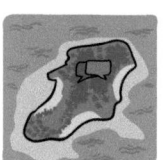

Inslä

остров

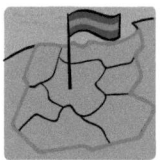

Nation

нация

Staat

государство

78   Ärde - земля

Ziffereblatt

циферблат

Stundezeiger

часовая стрелка

Minutezeiger

минутная стрелка

Sekundezeiger

секундная стрелка

Wie spaht isch es?

Который час?

Tag

день

Zit

время

jetzt

сейчас

Digitaluhr

электронные часы

Minute

минута

Stunde

час

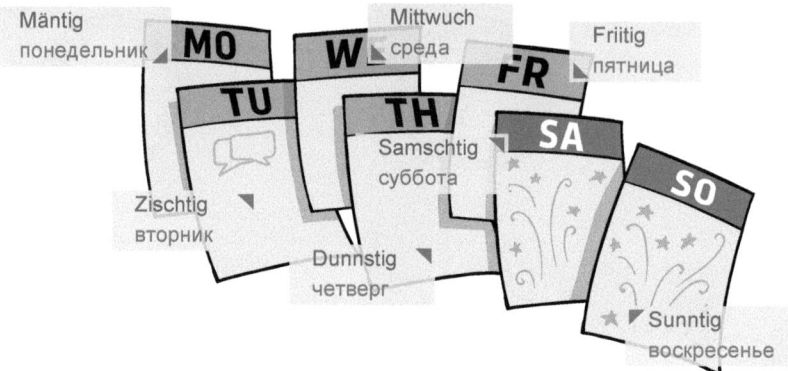

Mäntig понедельник MO

Mittwuch среда W

Friitig пятница FR

TU

TH

SA

Zischtig вторник

Samschtig суббота

Dunnstig четверг

Sunntig воскресенье

SO

geschter

вчера

hüt

сегодня

morn

завтра

Morgä

утро

Mittag

полдень

Aabig

вечер

MO	TU	WE	TH	FR	SA	SU
1	2	3	4	5	6	7
8	9	10	11	12	13	14
15	16	17	18	19	20	21
22	23	24	25	26	27	28
29	30	31	1	2	3	4

Wärktag

рабочие дни

MO	TU	WE	TH	FR	SA	SU
1	2	3	4	5	6	7
8	9	10	11	12	13	14
15	16	17	18	19	20	21
22	23	24	25	26	27	28
29	30	31	1	2	3	4

Wuchenänd

выходные

Räge
дождь

Rägeboge
радуга

Wind
ветер

Schnee
снег

Früelig
весна

Herbscht
осень

Summer
лето

Winter
зима

4.APRIL	11°	☀
5.APRIL	4°	☁
6.APRIL	13°	☂
7.APRIL	8°	☀
8.APRIL	10°	☀

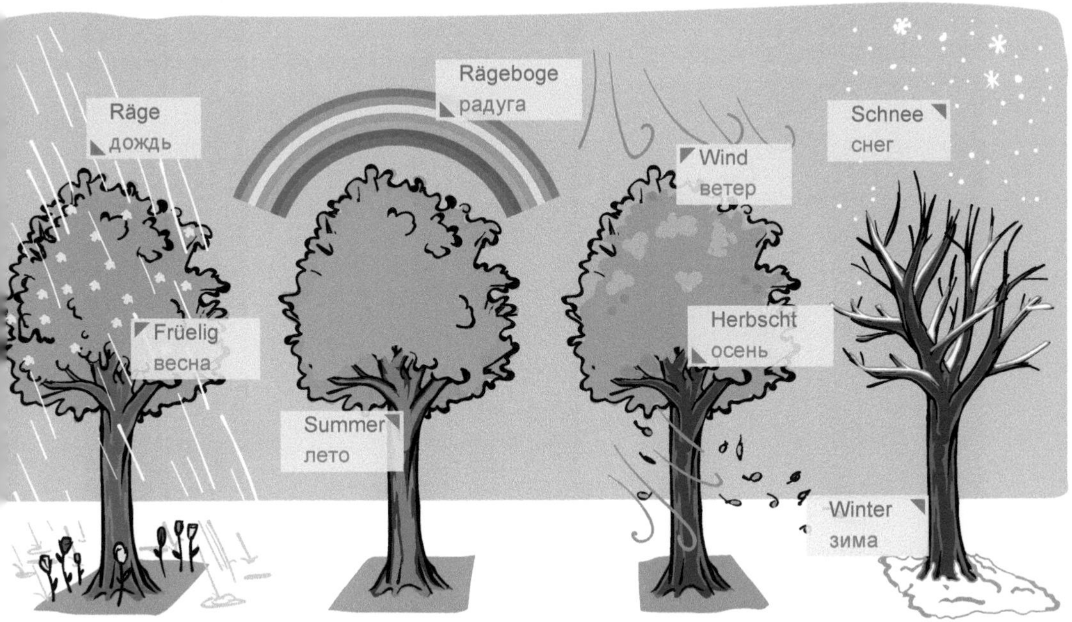

Wättervorhärsag

прогноз погоды

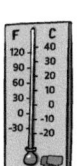

Thermometer

термометр

Sunneschiin

солнечный свет

Wolkä

туча

Näbel

туман

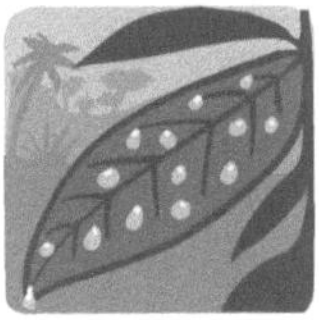

Fiechtigkeit

влажность воздуха

Blitz

молния

Dunner

гром

Sturm

буря

Hagel

град

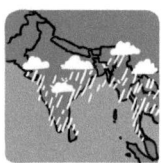

Monsun

муссон

Fluet

наводнение

Iis

лёд

Januar

январь

Februar

февраль

März

март

April

апрель

Mai

май

Juni

июнь

Juli

июль

Auguscht

август

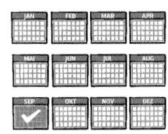

Septämber
....
сентябрь

Oktober
....
октябрь

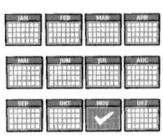

Novämber
....
ноябрь

Dezämber
....
декабрь

Forme
формы

Kreis
....
круг

Quadrat
....
квадрат

Rächteck
....
прямоугольник

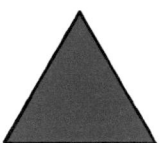

Dreieck
....
треугольник

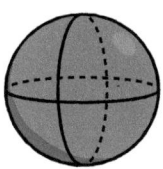

Chugele
....
шар

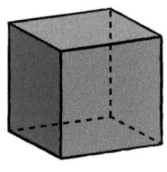

Würfel
....
куб

wiss

белый

gäl

желтый

orange

оранжевый

pink

розовый

rot

красный

liila

лиловый

blau

синий

grüen

зелёный

bruun

коричневый

grau

серый

schwarz

черный

viel / wenig

много / мало

hässig / ruhig

яростный / мирный

hübsch / hässlich

красивый / уродливый

Ahfang / Ändi

начало / конец

gross / chli

большой / маленький

hell / dunkel

светлый / темный

Brüeder / Schwöschter

брат / сестра

suuber / dräckig

чистый / грязный

vollständig / unvollständig

полный / неполный

Tag / Nacht

день / ночь

tot / läbig

мёртвый / живой

breit / schmal

широкий / узкий

ässbar / nid ässbar

съедобный / несъедобный

bös / fründlich

злой / дружелюбный

uffreggt / glangwilt

взволнованный /
скучающий

dick / dünn

толстый / худой

zerscht / zletscht

сначала / в конце

Fründ / Find

друг / враг

voll / läär

полный / пустой

hart / weich

твёрдый / мягкий

schwer / liecht

тяжёлый / легкий

Hunger / Durscht

голод / жажда

chrank / gsund

больной / здоровый

illegal / legal

незаконный / законный

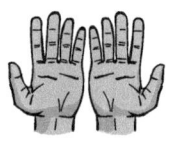

intelligänt / gatz

умный / глупый

links / rächts

слева / справа

nöch / wiit weg

близко / далеко

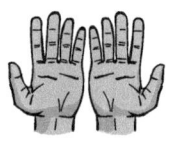

neu / bruucht

новый / подержанный

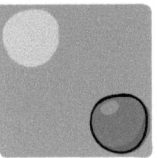

nüt / öpis

ничто / нечто

alt / jung

старый / молодой

ah / uss

включено / выключено

offe / zue

открыто / закрыто

lislig / luut

тихо / громко

riich / arm

богатый / бедный

richtig / falsch

правильный /
неправильный

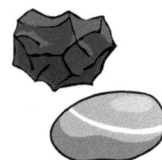

rau / glatt

шероховатый / гладкий

truurig / glücklich

печальный / счастливый

churz / lang

короткий / длинный

langsam / schnäll

медленный / быстрый

nass / trochä

мокрый / сухой

warm / chalt

тёплый / прохладный

Chrieg / Friede

война / мир

Gägeteil - противоположности

0	**1**	**2**
Null	eis	zwei
ноль	один	два

3	**4**	**5**
drü	vier	foif
три	четыре	пять

6	**7**	**8**
sächs	sibe	acht
шесть	семь	восемь

9	**10**	**11**
nün	zäh	elf
девять	десять	одиннадцать

12

zwölf

двенадцать

13

drizäh

тринадцать

14

vierzäh

четырнадцать

15

füfzäh

пятнадцать

16

sächzäh

шестнадцать

17

siebzäh

семнадцать

18

achtzäh

восемнадцать

19

nünzäh

девятнадцать

20

zwänzg

двадцать

100

Hundert

сто

1.000

Tuusig

тысяча

1.000.000

Million

миллион

Änglisch

английский

Amerikanischs Änglisch

американский английский

Chinesisch Mandarin

мандаринский китайский

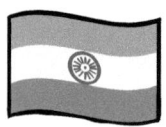

Hindi

хинди

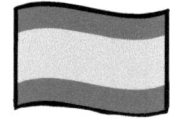

Spanisch

испанский

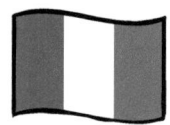

Französisch

французский

Arabisch

арабский

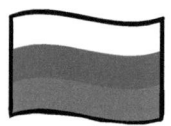

Russisch

русский

Portugiesisch

португальский

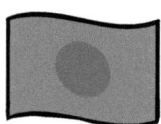

Bengalisch

бенгальский

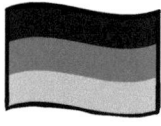

Dütsch

немецкий

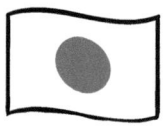

Japanisch

японский

ich

я

du

ты

är / sie / es

он / она / оно

mir

мы

ihr

вы

sie

они

wär?

кто?

was?

что?

wie?

как?

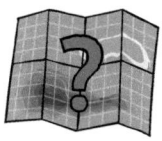

wo?

где?

wänn?

когда?

Name

имя

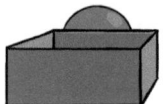

hinder

за

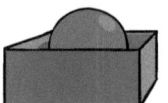

in

в

vor

перед

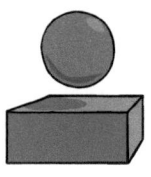

über

над

uf

на

under

под

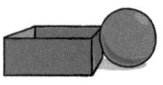

näbe

рядом

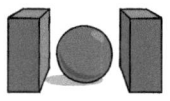

zwüsche

между

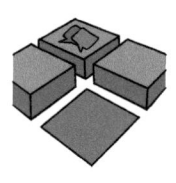

Ort

место